Der Mann des G

James Bramston

Writat

Diese Ausgabe erschien im Jahr 2023

ISBN: 9789359253398

Herausgegeben von
Writat
E-Mail: info@writat.com

Nach unseren Informationen ist dieses Buch gemeinfrei. Dieses Buch ist eine Reproduktion eines wichtigen historischen Werkes. Alpha Editions verwendet die beste Technologie, um historische Werke in der gleichen Weise zu reproduzieren, wie sie erstmals veröffentlicht wurden, um ihre ursprüngliche Natur zu bewahren. Alle sichtbaren Markierungen oder Zahlen wurden absichtlich belassen, um ihre wahre Form zu bewahren.

EINFÜHRUNG

Denn was hat Virro gemalt, gebaut und gepflanzt?

Nur um zu zeigen, wie viele Geschmäcker er wollte.

Was hat dazu geführt, dass Sir Vistos armer Reichtum verschwendet wurde?

Ein Dämon flüsterte : „Visto! Probieren Sie es."

(Papst, Brief an Burlington)

Die Idee des „Geschmacks" und das Ideal des „Menschen mit Geschmack" sind seit dem 18. Jahrhundert in der kritischen Wertschätzung stark zurückgegangen. Wenn FR Leavis Andrew Lang „einen Gelehrten und einen Mann mit Geschmack, mit einem Gespür für Sprache und dem Wunsch, Gedichte zu schreiben" nennt,[1] ist klar, dass diese Eigenschaften für Leavis Lang davon abhalten, als Dichter ernst genommen zu werden. Aber für das Zeitalter des Papstes war „Geschmack" ein Schlüsselbegriff seines ästhetischen Denkens; Die Bedeutung und Anwendung des Begriffs war ein lebhaftes Thema, das die meisten der fähigsten Köpfe dieser Zeit beschäftigte.

Addison leitete seine Reihe von Spectator-Aufsätzen über die „Vergnügungen der Fantasie" mit einem bahnbrechenden Aufsatz über „Geschmack" (Nr. 409) ein. In dieser klassischen Darstellung des Begriffs definiert Addison „Geschmack" als „die Fähigkeit der Seele, die die Schönheit eines Autors mit Vergnügen und die Unvollkommenheiten mit Abneigung erkennt". Addisons „Geschmack" ist eine angeborene Neigung zu bestimmten Arten ästhetischer Erfahrungen, die bewusst in die bewährte Richtung kultiviert wurde. Es reicht nicht aus, die richtigen Autoren zu schätzen und zu genießen; Sie müssen aus den richtigen Gründen geschätzt und genossen werden. Wenn er den Mann lächerlich macht, der ihm versicherte, dass „das größte Vergnügen, das er beim Lesen von Vergil hatte, darin bestand, Aeneas' Reise anhand der Karte zu untersuchen", erwartet Addison eindeutig, dass seine Leser zustimmen, dass solch ein einzigartiger Geschmack in Wirklichkeit kein Geschmack war überhaupt. Sein Bericht impliziert nicht nur einen Standard des „Geschmacks", sondern auch eine allgemeine Übereinstimmung, zumindest unter „Männern mit Geschmack", darüber, was dieser Standard war. Es ist diese Zirkularität, die es notwendig macht, eine angeborene Fähigkeit zum „Geschmack" anzunehmen.

Aber Addisons Rezept zur Kultivierung des Geschmacks war mühsam und erforderte langes Lesen und Studieren. Die Reichen und insbesondere die

Neureichen waren versucht, die richtige Wertschätzung der Geschmacksgegenstände mit dem bloßen Besitz derselben zu verwechseln; so dass, wie bei Papst Timon im *Brief an Burlington* (1731), der Besitz einer Bibliothek zum Ersatz für das Lesen von Büchern wurde. Dieser falsche Sinn für Prunk – insbesondere in Gebäuden – ist ein häufiges Ziel zeitgenössischer Satire.

Die gesellschaftliche Bedeutung von „Geschmack" als Indikator für Reichtum wurde durch das aktuelle philosophische Denken verstärkt, das „Geschmack" auch eine moralische Dimension verlieh. In seinen *Charakteristika* (1711) postulierte Shaftesbury einen angeborenen Sinn für Moral, genau wie Addison einen angeborenen Sinn für Ästhetik postulierte. Shaftesbury zieht diese Analogie zwischen Moral und Ästhetik:

Der Fall ist hier [bei den mentalen oder moralischen Subjekten] derselbe wie bei den gewöhnlichen Körpern oder gemeinsamen Sinnessubjekten. Die Formen, Bewegungen, Farben und Proportionen davon werden unserem Auge präsentiert; Daraus ergibt sich zwangsläufig eine Schönheit oder Missbildung, je nach dem unterschiedlichen Maß, der Anordnung und Anordnung ihrer einzelnen Teile. Also im *Verhalten* und *Handlungen* müssen, wenn sie unserem Verstand präsentiert werden, notwendigerweise einen offensichtlichen Unterschied finden, entsprechend der Regelmäßigkeit oder Unregelmäßigkeit der Subjekte.[2]

Die richtige Ausbildung dieser Fähigkeit würde es den Menschen ermöglichen, sowohl in moralischen als auch in ästhetischen Fragen die richtigen Entscheidungen zu treffen. Diese Analogie ist auch die Grundlage von Francis Hutchesons *Essay on the Nature and Conduct of the Passions and Affections* (1728).

Vor dem philosophischen Hintergrund der Schriften von Addison, Shaftesbury und Hutcheson muss die Satire auf den „Geschmack" von Pope, Bramston und anderen gesehen werden. Doch zu der Zeit, als Pope seinen *Brief an Burlington* schrieb, war Addisons „Faculty of the Soul" als kritischer Begriff etwas entwertet worden, und der Niedergang des „Geschmacks" war ein häufiges Thema. „Nichts ist so alltäglich wie die Beeinflussung des Geschmacks und nichts kommt so selten vor wie der Geschmack", lautete die Beschwerde des *Weekly Register* im Jahr 1731 und beklagte „den Verfall des *Geschmacks* seit Mr. *Addisons* Zeiten."[3]

Die Veröffentlichung des Briefes des Papstes *an Burlington* im Dezember 1731 war ein literarisches Ereignis von einiger Bedeutung, insbesondere da es sein erstes Gedicht seit dem *Dunciad Variorum* von 1729 war. Der *Brief* verlieh dem Begriff „Geschmack" als Modewort eine neue Aktualität. „Of

Taste" findet sich nur im Halbtitel der Erstausgabe. Doch für die zweite Auflage deutlich in „Of False Taste" geändert, fand diese Bezeichnung ihren Weg auf die Titelseite der dritten Auflage und wurde zum populären Titel des Gedichts (so wird es auf dem Werbeblatt von Bramstons „The *Man of*" beschrieben). *Schmecken*).

Im folgenden Jahr oder so wurden mehrere Angriffe auf Pope und sein Gedicht veröffentlicht. *A Miscellany on Taste* (1732) druckte *den Brief des Papstes* mit kämpferischen kritischen Anmerkungen nach. Pope selbst wurde als „Mr. Alexander Taste" in einer anonymen Broschüre „*Mr. Taste the Poetical Fop" (1732)* angegriffen , die 1733 als „ *The Man of Taste"* neu *aufgelegt wurde* und offenbar den Titel von Bramstons Gedicht übernommen hatte.[4] Bramstons *The Man of Taste* (1733) ist ein frühes Beispiel für die positivere Reaktion auf Pope's *Epistle* , indem man sich ihm anschloss, anstatt zu versuchen, ihn zu schlagen. Bramstons Gedicht wiederum war Anlass für ein anonymes *Werk Die Frau des Geschmacks* (1733) und schlug einige Details für die Figur des Lord Apemode in James Millers Komödie *Der Mann des Geschmacks* (1735) vor. Papst selbst entlehnte daraus eine Idee (siehe S. 14, 11, 5-6) für eine Passage im *Dunciad* (die Anspielung auf Freimaurer und FRS; IV, 567-71).

Die durch Pope's *Epistle hervorgerufene Reihe von Werken* ist ein Beweis für die Aktualität von „Geschmack" zu der Zeit, als Bramston sein Gedicht schrieb, und es ist sein *Man of Taste* , der auch heute noch das größte Interesse genießt. Auf die spätere Geschichte des „Geschmacks" in der Ästhetik und Satire des 18. Jahrhunderts kann hier nur ein kurzer Blick geworfen werden. Wichtige philosophische Diskussionen sind Humes Essay „Of the Standard of Taste" (in Four Dissertations, 1757), Burkes *Philosophical Inquiry into the Origin of our Ideas of the Sublime and Beautiful* (1757; der zweiten Auflage wurde ein „Discourse Concerning Taste" vorangestellt , 1759) und Alexander Gerards *Essay on Taste* (1759). Footes Farce „*Taste*"(1752) enthüllte die Scheinvorliebe für Antiquitäten. Es gibt zahlreiche satirische Porträts des „Mann des Geschmacks": Mr. Sterling in *The Clandestine Marriage* (1766) ist ein gutes Beispiel, das eindeutig in der Tradition von Pope's Timon steht, ebenso wie General Tilney in *Northanger Abbey* (1818, aber viel früher geschrieben). .

Zur Zeit von Jane Austen hatte sich der „Geschmack" natürlich von den Addisonschen Regeln entfernt, und tatsächlich hatte sich der gesamte Tenor der Ästhetik der Vorstellungskraft geändert. Was geschehen war, lässt sich durch die Gegenüberstellung zweier bedeutsamer Aussagen über „Geschmack" als Metapher erahnen. In seinem *Spectator*- Essay (Nr. 409) spricht Addison von „einer sehr großen Übereinstimmung zwischen dem geistigen Geschmack, der Gegenstand dieses Aufsatzes ist, und dem sensiblen Geschmack, der uns ein Genuss für jeden Geschmack gibt , der den Gaumen beeinflusst." Aber im Vorwort zu *Lyrical Ballads (1802) missbilligt*

Wordsworth diejenigen, „*die mit uns so ernsthaft über eine Vorliebe für Poesie* sprechen , wie sie sie zum Ausdruck bringen, als ob sie etwas Gleichgültiges wäre wie eine Vorliebe für Rope-Dance oder Frontiniac ." oder Sherry."[5] Aber die Aufschlüsselung der Metapher „Geschmack" ist ein zu umfangreiches Thema, um hier untersucht zu werden.

James Bramston (? 1694–1743) wurde an der Westminster School und an der Christ Church in Oxford ausgebildet, wo er 1717 seinen BA und 1720 seinen MA abschloss. Er nahm Befehle entgegen und war eine Zeit lang Militärkaplan. 1724 erhielt er den Lebensunterhalt von Lurgashall und 1739 den von Harting und Westhampnett.[6] Er veröffentlichte (alle anonym) nur drei Gedichte auf Englisch:

1. *Die Kunst des Politicks , in Anlehnung an Horaces Kunst der Poesie.* London: Lawton Gilliver, 1729.

2. *Der Mann des Geschmacks. Anlass war ein Brief von Mr. Pope zu diesem Thema.* London: Lawton Gilliver, 1733.

3. *Der krumme Sechs-Pence. Mit einem wissenschaftlichen Vorwort, das in einigen Dokumenten gefunden wurde, die auf dasselbe Jahr datieren, in dem „Paradise Lost" vom verstorbenen Dr. Bently veröffentlicht wurde* . London: Robert Dodsley, 1743.

Bramston schrieb auch lateinische Verse, und mindestens zwei unveröffentlichte Gedichte sind erhalten; aber sein Ruf beruht auf *The Art of Politicks* und *Der Mann des Geschmacks* . Beide Gedichte sind für den Politik- und Kulturhistoriker von Interesse, aber aus literarischer Sicht ist „*Der Mann des Geschmacks*" wahrscheinlich das bessere Gedicht. Dies liegt vor allem daran, dass es Bramston gelungen ist, die Rolle eines selbstbewusst agierenden Mannes mit Geschmack zu erschaffen, der sich jedoch mehr entblößt, als er beabsichtigt. Joseph Warton verwechselte diesen Effekt mit einem Versagen der Technik, als er Bramston „der Unanständigkeit und Absurdität schuldig machte, seinen Helden über sich selbst und seine eigenen Torheiten lachen zu lassen."[7] Das Gedicht ist bewusst das „Geständnis" eines selbsternannten Autors Mann des Geschmacks. Es beginnt in einem beiläufigen, zynischen Ton, aber während der Sprecher nach und nach von seiner eigenen Rhetorik verführt wird (besonders wenn er sich einen Adligen vorstellt), schlägt er einen fast rhapsodischen Ton an, so dass er als Opfer und nicht als Ausbeuter entlarvt wird "schmecken."

Sowohl in seinen Zielen als auch in seinen Techniken ist Bramston ein Schüler von Pope. Manchmal gibt es eine bewusste Erinnerung an den Meister:

Ich habe in Distichs gebrüllt und in Drillingen geweint. (S. 6)

Anderswo ist die Nachahmung weniger erfreulich:

Sicherlich wurde der elende *Wren von dem stümperhaften Jones* unterrichtet ,
Mörser ermorden und Steine verunstalten! (S. 10)

Hier wirkt die Stilgewohnheit der Antithese der Bedeutung entgegen, anstatt sie zu verstärken. Aber es gibt viele gute Dinge in dem Gedicht; Bramstons Umgang mit der Idee der Bühne als „Schule der Moral" zum Beispiel ist klug und amüsant. Sein Held leitet seinen „erblichen Geschmack" davon ab, dass er von einem Dichterspieler und einer Orangenfrau „tragikomisch erwischt" wurde (S. 6). Dies gibt Anlass zu seiner späteren Behauptung:

Oxford und *Cambridge* sind keinen Heller wert,
Im Vergleich zu *Haymarket* und *Convent-Garden* :
Hört damit auf, ihr britischen Jugendlichen, und folgt diesen,
Schalten Sie alle Spieler um und erhalten Sie Ihre Squires-Abschlüsse. (S. 18)

Es gibt auch eine Reihe verbaler Erfolge, wie zum Beispiel:

Noch nie streifte eine stachlige Birke meinen muskulösen Hintern. (S. 6)

Hier vereinen sich eindringliche Alliteration und starker Rhythmus zu einer hervorragenden lautmalerischen Wirkung. Noch ein Couplet:

Obwohl Blackmores *Werk* meine Seele mit Entzücken erfüllt,
Mit Notizen von *Bently* Sie wären noch besser. (S. 7)

zeigt beträchtliche Wertschätzung für die Kunst des Sinkens; Besonders die zweite Zeile ist ein feiner Bathos.

Das Gedicht als Ganzes bietet ein interessantes Porträt des zeitgenössischen modischen „Geschmacks" , das auf einer niedrigeren sozialen Ebene Popes Porträts von Magnaten der Geschmacklosigkeit wie Timon ergänzt .

Bramstons „Man of Taste" ist eine seltsame Mischung aus Singulärem und Banalem. Er beginnt damit, dass er vorgibt, Gesetze zu verachten, und endet mit dem Versuch, seine eigenen Gesetze in Kraft zu setzen. Durch die Zeichnung einer Figur, deren Geschmack mal schamlos pervers, mal unterwürfig nachahmend ist, und durch die Darstellung einer breiten Palette von „Geschmäckern" hat Bramston die Idee, die er dem *Brief an Burlington entnommen hat* und bei der es größtenteils um Falschheit geht, deutlich weiterentwickelt Geschmack im Bauen.

Damit soll nicht geleugnet werden, dass die meisten Opfer von Bramstons Satire auch bei Pope zu finden sind. Manchmal beginnt man sogar zu vermuten, dass Bramstons Kenntnisse über London sowohl auf dem *Dunciad Variorum* als auch auf Erfahrungen aus erster Hand mit der Stadt beruhen. In einigen seiner Themen gibt es sicherlich ein starkes traditionelles Element. Das ironische Lob von Sir Cloudesley Shovells Grab beispielsweise (S. 12) wurde wahrscheinlich eher vom *Spectator* (Nr. 26) als von einem Besuch in der Westminster Abbey vorgeschlagen; Das Grab hatte Addison beleidigt, weil es den Admiral in einer außerirdischen Figur darstellte.

Aber das Traditionelle wird mit dem Aktuellen kombiniert. Wenn Sir Cloudesleys Grab zwanzig Jahre lang ein Gegenstand gewesen war, ist Sir Balaam eine Anspielung auf *den Brief des Papstes an Bathurst* , der erst im Februar 1733, einen Monat vor dem *Man of Taste* , veröffentlicht wurde . Ein weiterer Beweis dafür, dass Bramston das Gedicht erst im Februar 1733 ergänzte (das Gedicht wurde am 8. März veröffentlicht), sind die Zeilen:

Nicht so mein Verstand, unzufrieden mit Hinweisen,

Weiß mehr als *Budgel* schreibt, oder *Roberts* druckt. (S. 10)

Diese Zeilen trafen eine neue Leserübersicht: *The Bee: oder Universal Weekly Pamphlet.* „*Containing Something to Hit Every Man's Taste and Principles*" , herausgegeben von Budgell und veröffentlicht von Roberts. Die erste Nummer erschien im Februar 1733. Eine ähnliche Mischung aus Vergangenheit und Gegenwart gibt es bei der Musiksatire (S. 13). Händels *Esther* und die Neuheit des Oratoriums entstanden erst 1732; Heideggers Hässlichkeit („Prinz *Phyz*!") war sprichwörtlich und seine Umbenennung der Maskerade ein Jahrzehnt alt.

Mann des Geschmacks für ein zeitgenössisches Publikum lächerlicher gemacht hätte . Es gibt auch eine vertikale Mischung der Geschmäcker verschiedener Gesellschaftsschichten; Der oben bereits zitierte Verfasser des *Weekly Register* vom Februar 1731 macht diese Unterscheidung: „Der Spieltisch und die königliche Zerstreuung in *Newmarket* sind der Ehrgeiz der Mehrheit; und der

Rest bevorzugt *Senesino.*" an *Shakespeare* als den höchsten Beweis moderner Höflichkeit."[8] Bramstons Man of Taste ist ein Ziehharmonika-Augenbrauen, der Senesino, Gaming und Newmarket genießt (S. 13, 15, 17).

Die Nützlichkeit von Notizen für ein vollständiges Verständnis von Bramstons Satire wurde bereits 1733 erkannt, als einige wenige zu Faulkners Dublin-Nachdruck hinzugefügt wurden. Faulkners Notizen sind wegen ihrer fremdenfeindlichen Voreingenommenheit bemerkenswert, denn abgesehen von denen über Mrs. Oldfield („ *Ophelia* ", S. 9) machen sie hauptsächlich auf Übel kontinentalen Ursprungs aufmerksam: Pasarans Empfehlung zum Selbstmord (S. 9); Heideggers Rolle als korrumpierender Entertainer (S. 13); der Betrüger Graf D'Ughi (der „ *Di'mond Graf* ", S. 16); und Misaubin (S. 17), „berühmt für die Heilung von Geschlechtskrankheiten." Diese Männer waren Italiener, Schweizer, Italiener bzw. Franzosen. Diese Fremdenfeindlichkeit ist ein bemerkenswert konstantes Merkmal der „Geschmackssatire" des 18. Jahrhunderts.

The Man of Taste (zusammen mit *The Art of Politicks*) wurde in Dodsleys *Sammlung aufgenommen* ; In der Ausgabe von 1782 wurden Anmerkungen (nicht signiert, aber von Isaac Reed) hinzugefügt, in denen viele Anspielungen identifiziert wurden, die nicht mehr aktuell waren. Diese sind oft hilfreich, verfehlen aber manchmal den Kern der Aussage – wie zum Beispiel bei dem oben diskutierten Witz „ Budgell – Roberts" . Aber obwohl Notizen für ein vollständiges Verständnis aller satirischen Punkte Bramstons nützlich sind, beseitigt eine Vertrautheit mit der Welt von Pope und seinen Opfern die meisten Schwierigkeiten für einen modernen Leser. Nur gelegentlich klingt Bramston persönlicher, wie in der Liste der Ärzte (S. 17), wo er zwei seiner Zeitgenossen an der Christ Church auflistet; und selbst hier ist Arbuthnot ein ausreichender Wegweiser.

Bramston ist ein unbedeutender Dichter, aber es besteht kein Grund, sich für „ *The Man of Taste*" *zu entschuldigen* . Es ist ein eigenständiges, lebendiges und amüsantes Gedicht, und seine Assoziation mit Pope und sein Platz im Korpus der Satire über „Geschmack" des 18. Jahrhunderts erhöhen den Anspruch, die Aufmerksamkeit der Studenten dieser Zeit auf sich zu ziehen.

Universität von Queensland
Brisbane

HINWEISE ZUR EINFÜHRUNG

1. *New Bearings in English Poetry* (1932; neue Ausgabe, London: Chatto & Windus, 1950), S. 11.

2. Abhandlung IV: „An Inquiry Concerning Virtue, or Merit", Buch I, Teil II, Abschnitt 3, in *Characteristics of Men, Manners, Opinions, Times* (London, 1711), II, 28-29.

3. Nachdruck im *Gentleman's Magazine*, 1 (1731), 55-56.

4. Diese Angriffe werden beschrieben in JV Guerinot, *Pamphlet Attacks on Alexander Pope* 1711-1744 (New York: New York Univ. Press, 1969), S. 204-21.

5. *Literaturkritik von William Wordsworth*, hrsg. Paul M. Zall (Lincoln: Univ. of Nebraska Press, 1966), p. 50.

6. Diese Angaben (die das *DNB*- Konto korrigieren) verdanke ich Herrn Michael Hunter vom Worcester College, Oxford.

7. In seiner Ausgabe von Pope's *Works* (London, 1797), V, 285 (Anmerkung zu *The Dunciad*, IV, 570).

8. *Gentleman's Magazine*, I (1731), 55-56.

Eine Anmerkung zum Text

„*The Man of Taste*" wurde am 8. März 1733 von Lawton Gilliver in einem schönen Folio-Format veröffentlicht. Eine zweite Folio-Ausgabe (wenn auch nicht so genannt) wurde später im selben Monat veröffentlicht; Im Laufe des Jahres folgten Oktavausgaben in London [1] und Dublin.

Anhand der Beweise aus Anzeigen in den beiden Blättern und zeitgenössischen Zeitungen argumentiert WB Todd für die Priorität der Ausgabe, die er „A" nennt, [2] Umkehrung der zuvor von Iolo A. Williams aufgrund interner Beweise vorgeschlagenen Reihenfolge. [3] Die Textvarianten sind gering und beschränken sich auf Vorzeichen, mit Ausnahme des auf S. 5, Zeile 9, „A" lautet „Strife still persists" und „B" lautet „Strife still persists". Hier ist eine Kopie von Todd's Ausgabe „A" abgebildet.

---

[1] Obwohl der Aufdruck auf der Titelseite „London" lautet, wurde diese Ausgabe wahrscheinlich in Edinburgh gedruckt. Für eine Neubewertung der Anzahl und Reihenfolge der Ausgaben von *The Man of Taste* siehe DF Foxon, *English Verse* 1701-1750 (Cambridge: Cambridge Univ. Press, erscheint 1975), I, 78 (B396-401).

[2] *Die Bibliothek*, 5. Reihe, VIII (1953), 186-87. Todd fasst hier die Beweise zur Veröffentlichung zusammen.

[3] *Points in Eighteenth-Century Verse* (London: Constable, 1934), S. 67-69.

BIBLIOGRAPHISCHE ANMERKUNG

Das Faksimile von Bramstons „*The Man of Taste*" (1733) wird mit Genehmigung aus einer Kopie (Signatur: *fPR3627/E663b/Kopie 2) in der William Andrews Clark Memorial Library reproduziert. Die gesamte Typenseite (S. 7) misst 243 × 144 mm.

DER

MANN DES GESCHMACKS.

Der Mann des Geschmacks.

Wer ER ist, der nach einem *Geschmack* strebt,

Lass ihn dies lesen und sein, was er will.

lebenserfahrenen Menschen und Manieren schreibe ich:

Nicht das, was einmal war, sondern das, was heute höflich ist.

Diejenigen, die vom höfischen *Frankreich* die Tour gemacht haben,

Kann unsere *englische* Unbeholfenheit kaum ertragen.

Aber ehrliche Männer, die nie im Ausland waren,

Wie nur *England*, und sein *Geschmack* applaudiert.

Der Streit dauert immer noch an, was den besseren *Ausgang bringt*;

Bücher oder die Welt, die vielen oder die wenigen.

    Wahrer *Geschmack* ist für mich an diesem Prüfstein erkennbar,

Das Beste ist immer das, das meinem am nächsten kommt.

Um zu zeigen, dass meine Ansprüche nicht eitel sind,

Mein Vater war Schauspieler in *Drury-Lane*.

Birnen und Pistazien, die meine Mutter verkauft hat,

Er ist ein dramatischer Dichter, sie eine Schelte.

Seine tragische Muse könnte Gräfinnen in Angst und Schrecken versetzen,

Ihr Witz in Kisten war die Freude meines Herrn.

Kein Söldnerpriester *hat* sich jemals ihren Händen angeschlossen,

Entkrampft durch die unpoetischen Bande der Ehe.

Gesetze, mein Pindarick Eltern Es spielt keine Rolle,

So wurde ich tragikomisch erwischt.

Meine Säuglingstränen haben eine Art Maß gehalten,

Ich habe in Distichs gebrüllt und in Drillingen geweint.

Kein Jugendlicher hat in meiner Ausbildung etwas verschwendet,

Glücklich in einem *Erblicher Geschmack*.

verkrampfte nie die Sehnen meines Daumens,

Noch nie streifte eine stachlige Birke meinen muskulösen Hintern.

Meine Eingeweide haben nie unter einem College-Koch gelitten ,

Mein Name wurde noch nie in ein Butterbuch eingetragen .

Grammatik vergeblich lehren die Söhne *Priscians* ,

Gute Teile sind besser als *acht Wortarten* :

Da diese abgelehnt wurden, nannten sie diejenigen , die nicht abgelehnt wurden,

Ich danke meinen Sternen, dass ich sie alle abgelehnt habe .

Ohne Vorwand *griechische* oder *lateinische Sprachen* zu sprechen ,

Ich vertraue meiner Mutter Wit und meinem Vater Sense.

Die Natur ist mein Führer, alle Wissenschaften verachte ich,

Schmerzen, die ich verabscheue, ich wurde als *Dichter geboren* .

   Dennoch ist mein *Goût* für Kritik wie,

Ich habe etwas *Französisch* und kann ein wenig *Niederländisch* .

Riesige Kommentatoren zieren meine gelehrten Regale,

Notizen zu Büchern übertreffen die Bücher selbst.

Kritiker sind in der Tat wertvolle Männer,

Aber Hyperkritiker sind genauso gute Agenten .

Obwohl ' *Blackmore* 's meine Seele mit Entzücken erfüllt,

Mit Notizen von *Bently* Sie wären noch besser.

Das *Boghouse -Miscellany* ist gut gestaltet ,

Um den Körper zu entspannen und den Geist zu verbessern.

Swifts Launen und Witze für meinen Groll rufen,

Denn er missfällt mir, das gefällt allen.

Verse ohne Reime, die ich nie ertragen konnte,

Ungehobelt in der Zahl und im Sinn unklar.

Für ihn als Natur, als er aufhörte zu sehen,

Milton ist ein *universal Blank* für mich.

Bestätigt und entschieden durch die Stimme der Nation,

Der Reim ist der Stolz des Dichters und die Wahl des Volkes .

Immer von der nationalen Unterstützung unterstützt,
Von Markt, Universität und Gericht:
Thompson, schreibe leer; aber wisse das aus diesem Grund,
Diese Linien werden leben, wenn deine außerhalb der Saison sind.
Reim verbindet und verschönert die Lieder des Dichters,
Denn *die Londoner* Damen verdanken ihre Form den Stäben.

   Hätte *Cibber* selbst, der *sorglose Ehemann*, geschrieben:
Er für den Lorbeer hatte nie meine Stimme gehabt:
Aber für seine Epiloge und andere Stücke,
Er hat die *Modern Bays absolut verdient*.
Es freut mich, dass *Papst* unlaurell geht,
Während *Cibber* die Bays für Playhouse Prose trägt.
Also Der *britische* Monarch hat einst sein Schicksal aufgedeckt,
Während *Bradshaw* mit einem breitkrempigen Hut schikanierte.

   Es lebe der alte *Curl!* Er verkündet nie seine Ängste,
Die Reden, Verse und letzten Willen der Peers.
Wie oft hat er einen öffentlichen Geist bewiesen,
Und unsere Ohren erfreuten, unabhängig von seinen eigenen?
Aber um Merit gebührend zu würdigen, obwohl *Curl* dasselbe ist?
Sind seine Bruder-Buchhändler nicht die gleichen?
britische Presse in Erstaunen versetzen?
Das verkauft sich zwar am besten, aber das verstößt am meisten gegen das Gesetz?

   Leben toter *Spieler* meine Freizeit betört,
Und *Sessions-Papers* tragisieren meinen Stil.
Es ist eine bezaubernde Lektüre aus *Ophelias* Leben,
So oft eine Mutter und nicht einmal eine Ehefrau:
Sie könnte sich mit Anstand benehmen,
Lebendig mit Gleichaltrigen, mit Monarchen im Grab:
Ihr Los, wie oft haben neidische Huren geweint,

Von Prebends begraben und von Generälen aufbewahrt.

    T'improve in Morals *Mandevil* Ich lese,

Und *Tyndals* Skrupel sind mein festes Glaubensbekenntnis.

Ich bin früh gereist und habe es bald durchschaut

Alles Religion, seit ich zweiundzwanzig war.

Scham, Schmerz oder Armut werde ich ertragen,

Wenn Seile oder Opium meine Leichtigkeit beschaffen können?

Wenn das Geld weg ist und ich keine Schulden mehr bezahlen kann,

Selbstmord ist ein ehrenvoller Weg.

Als *Pasaran* weist an, dass ich mein Leben beenden würde,

Und töte mich, meine Tochter und meine Frau.

Verbrenne nur die *Bibel*, die der Pfarrer zitiert,

Und die Männer des Geistes werden sich alle die Kehle durchschneiden.

    Aber nicht auf Schriften beschränke ich meine Feder,

Ich habe eine Vorliebe für Gebäude, Musik und Männer.

Junge gereiste Steuermänner prahlen mit mächtigem Wissen,

Höchstens mit oberflächlichen Details.

Nicht so mein Verstand, unzufrieden mit Hinweisen,

Weiß mehr als *Budgel* schreibt, oder *Roberts* druckt.

Ich kenne die Stadt, alle Häuser, die ich gesehen habe,

Von *der High-Park-* Ecke hinunter nach *Bednal -Green*.

Sicherlich wurde der elende *Wren von dem stümperhaften Jones* unterrichtet,

Mörser ermorden und Steine verunstalten!

Wer in *Whitehall* kann Symmetrie erkennen?

Ich halte die *Klostergartenkirche für* eine *Scheune*.

Ich hasse auch nicht weniger deine abscheuliche Kathedrale, *Paul*!

Der Chor ist zu groß, die Kuppel ist zu klein:

Massive Wände und schwere Dächer gefallen mir,

Es sind *Vanbrugs* Strukturen, die mir gefallen:

Solche edlen Ruinen würde jeder Haufen machen,

Ich wünschte, sie würden um der Aussicht willen fallen.

Zum hohen *Chelsea* oder zum *Greenwich* Dome,

Soldaten und Matrosen sind alle zu Hause willkommen .

Ihre armen Paläste bringt *Britannia* ,

Das St. *James* 's Hospital könnte für Könige dienen.

Ich baue so glücklich, dass ich verstehe,

Dass ich für ein Haus mein gesamtes Land verpfänden würde.

Dorick , *Ionick* , soll dort nicht gefunden werden,

Aber es soll mich sechzigtausend Pfund kosten.

Ich werde aus meinen ehrlichen Arbeitern auswählen

Ein *Maurer* , und ihn zum Architekten erklären;

Bitten Sie ihn zuerst, mir eine gewaltige Kuppel zu bauen.

Nachdem wir *fertig waren* , machten wir uns auf den Weg nach *Rom* .

Werfen Sie einen einwöchigen Blick auf *Venedig* und den *Fluss Brent* .

Schauen Sie sich um, sehen Sie nichts und kommen Sie zufrieden nach Hause.

Ich werde auch meine *Villa haben* , eine süße Bleibe,

Seine Lage soll *London* Road sein :

Töpfe über der Tür werde ich wie Balkone aufstellen ,

Welche [1] *Vorsichtig* nennt die *Gärten von Adonis* .

    Ich werde auch meine Gärten in der Mode haben,

Denn was ist schön, das nicht neu ist?

Schöne vierbeinige Tempel , wetteifernde Theater ,

allen Facetten eines *Weihnachtskuchens* .

Verdient es nicht das Lob des Betrachters?

Was ist hoch zum Sinken? und was ist niedrig zu erhöhen?

An der Stelle, an der einst ein Gewächshaus stand, sollen Hänge ansteigen,

Und in meinem Pferdeteich werde ich einen Wald pflanzen.

Mögen die Geizhals das gehortete Gold fürchten, um es zu verschwenden,

Aufwand und Veränderung zeigen einen *Geschmack*.

   In neugierigen Bildern bin ich überaus nett,
Und erkennen Sie ihre verschiedenen Schönheiten anhand ihres *Preises*.
Auktionen und *Verkäufe*, an denen ich ständig teilnehme,
Aber wählen Sie meine Bilder von einem *geschickten Freund aus*.
Originale und Kopien sind weitgehend gleich,
Der Wert des Bildes ist der *Name des Malers*.

   Mein Geschmack an Skulpturen wird durch meine Wahl deutlich.
Ich kaufe keine Statuen, die nicht obszön sind.
Trotz *Addison* und dem antiken *Rom*,
Sir *Cloudesly Shovel* ist mein Lieblingsgrab.
Wie oft habe ich voller Bewunderung gestanden,
Einen Stadtrichter aus Holz besichtigen?
Ich blicke mit Vergnügen auf den Kopf eines Lord *May'r*,
Mit Anstand in vergoldetes Blei gegossen.
Oh, könnte ich im Vorbeigehen durch *London blicken*,
Etwas breiter Sir *Bileam* aus *korinthischem* Messing;
Hoch auf einem Podest, ihr Freien, platziert
Sein meisterhafter Bauch und sein grimmiges Gesicht;
Beschriftet und vergoldet, lass ihn *Cheapside schmücken*,
Und gewähren Sie dem *Händler*, was ein *König* verweigert.

   Alte Münzen und Medaillen, die ich sammle, das stimmt,
Sir *Andrew* hat sie, und ich werde sie auch haben.
Aber unter Freunden, wenn ich die Wahrheit sagen könnte,
Ich mag das Moderne und verachte das Antike.
Aber in den Schubladen meines Japans *Büro*,
An Lady *Gripeall* Ich, die *Cäsaren* zeigen,
Es ist Ihrer Ladyschaft oder mir gleich,
Ein Kupfer- *Otho* oder ein *Scotch Baubee*.

Ohne *Italienisch* oder ohne Ohr,
An *Bononcinis* Musik schließe ich mich an:
Musick hat Zauber, um ein wildes Tier zu beruhigen,
Und deshalb genau richtig bei einem Sheriff-Fest.
Meine Seele hat oft ein geheimes Vergnügen gefunden,
Im harmonischen, erhabenen Klang des Dudelsacks.
Dudelsäcke für Männer, schrille *Flöten* für Jungen,
Ich bin *in England* geboren und liebe grummelnde Geräusche.
Die Bühne sollte den feierlichen Ton der Orgel erklingen lassen,
Und die Schrift zitterte in der Kehle des Eunuchen.
Lassen Sie *Senesino* Singe, was *David* geschrieben hat,
Und *Hallelujas* bezaubern die fromme Grube.
Eifrig in Scharen kam die Stadt nach *Hester* ,
Und *Oratorio* war ein glücklicher Name.
Du, *Heideggre* ! Der *englische* Geschmack hat gefunden,
Und die Menge an Qualität regiert mit Ton.
Wenn in *der Fastenzeit Maskeraden der Stadt missfallen,*
Ruf sie an *Ridottos* , und sie gehen immer noch unter:
Mach weiter, Prinz *Phyz* ! um der britischen Nation zu gefallen,
Nennen Sie Ihre nächste *Maskerade* eine *Versammlung* .
    Bären, Lyoner, Wölfe und Elefanten, die ich züchte,
Und *Philosophische Transaktionen* lesen.
In der nächsten Loge werde ich *Freimaurer sein* , nichts weniger,
Es sei denn, ich bin zufällig *FRS*
    Ich habe einen *Gaumen* und (noch) *zwei Ohren* ,
Geeignetes Unternehmen für *Träger* oder *Kollegen* .
Von jedem nützlichen Wissen, das ich teile,
Aber mein größtes Talent ist eine Rechnung.
Sir Lenden und Rinderrücken beleidigen meine Augen,

Erfreut über Froschfrikassee und Coxcomb-Pies.

Gerichte, die ich auswähle , wenn auch klein, aber dennoch vornehm,

Schnecken servieren den ersten Gang und *Peepers* krönen das Essen.

Schweineköpfe mit Haaren, ganz nach meinem Geschmack, bitte

Ich liebe junge Kohlblüten , wenn sie in Käse gedünstet werden .

Und für ein halbes Liter Erbsen gibt es zehn Guineen.

keine schimpfenden Diener an meinen Tisch,

Meine Gnade ist *Schweigen* und mein Kellner *ist stumm* .

Queer Country-Puts preisen die Herrschaft von Königin *Bess* ,

Und über verlorene Gastfreundschaft klagen.

Sag derjenige, der den Tisch deines Vaters lobpreist ,

Gab es *Mahogena?* früher?

    Oh! könnte eine britische Baronie verkauft werden!

Ich würde einen hellen Ehrenkauf mit schillerndem Gold machen.

Könnte ich mir das *Privileg* von *Peer* verschaffen,

Die Reichen würde ich schikanieren und die Armen unterdrücken.

Geben ist falsch, aber es ist noch falscher ,

Zu allen Bedingungen, um eine Handwerkerrechnung zu *bezahlen* .

Ich würde dafür sorgen, dass die unverschämten Mechanicks bleiben,

Und behalte mein bereites Geld zum *Spielen* .

Ich würde versuchen, wenn irgendein Vergnügen gefunden werden könnte,

Im *Zusammenspiel* mit zwanzigtausend Pfund .

Hätte ich ganze Grafschaften, ich würde nach *White* 's gehen,

Und setze Länder, Wälder und Flüsse auf einen Schlag.

Aber sollte ich einen unglücklichen Lauf erleiden,

Und mit einem Wurf werde ich glorreich zunichte gemacht;

Meine *Ehrenschulden* _ Ich würde den ersten entlassen,

Alle meine *rechtmäßigen Gläubiger* seien verflucht:

Mein *Titel* würde mich vor der Verhaftung bewahren,

Und ergreifend *Pferde zu mieten* ist ein Scherz.

Ich würde morgens mit einem *Eichenstock spazieren gehen*,

Mit Handschuhen und Hut, wie mein eigener *Diener Dick*.

wäre ich ein Lakai,

In Bezug auf Sinn und Bildung *ist es wirklich so*.

Was meinen *Kopf betrifft*, sollte er mehrdeutig getragen werden

Eine Perücke *und* ihr eigenes Haar *zugleich*.

Meine Haare würde ich nach Frauenart pudern,

Und *kleiden sich* mehr als sie und *reden davon*.

Ich werde den Trauzeuginnen eine Freude machen, wenn ich kann;

Was ist der Mensch ohne schwarze Samthosen?

Ich werde mein Können im *Knopflochmachen* zur Schau stellen,

Und prahlen Sie, wie oft ich mich jeden Tag wechsle.

Mäntel tragen, die im *unbeholfenen England* hergestellt wurden?

Und in Stoff schwitzen, um den *Wollhandel zu unterstützen*?

Mit *französischer* Stickerei und *flandernischer* Spitze

Ich werde das Einkommen einer Schatzmeisterstelle ausgeben.

von *Deard* für Kugeln soll auf Tausende steigen,

Und ich würde di'mond übertreffen sogar der *Di'mond Count*.

Ich würde die Welt von Taudry überzeugen Cloas,

Dass *Belles* weniger feminin sind als Beaux,

Und Doktor *Lamb* sollte meiner Lordschaft die Füße abschneiden.

Um Gefährten zu segnen, würde ich meine Zeit geben,

Mit Spielern, Zuhältern und Parasiten würde ich leben.

Ich würde mit *Jockeys* aus *Newmarket* speisen,

Und den *Rough-Ridern* gib meinen erlesensten Wein.

Ich würde einen angesehenen *Stallknecht* streicheln,

Und ahme seine Sprache und seinen *Mantel* nach.

Meine Abende würde ich mit *Scharfschützen* verbringen,

Und mache den *Diebfänger* zu meinem besten Freund.
In *Abb.* erfreut sich der Preiskämpfer tagsüber,
Und jeden Abend mit *Colly Cibber essen* .

   Sollte ich vielleicht modisch krank sein,
Ich würde nach *Misaubin schicken* und seine Pille nehmen.
Ich würde es verabscheuen, wenn auch in größter Not,
Arbuthnot , *Hollins* , *Wigan* , *Lee* oder *Mead* :
Aber wenn ich feststellte, dass es mir immer schlechter ging,
Misaubin ausschalten und nimm eine Krankenschwester.
Wie oft, wenn hervorragende Ärzte versagen,
Setzen sich die guten alten Frauenheilmittel durch?
Wenn die Schönheit verschwunden ist und *Chloe* von den Jahren heimgesucht wird,
Die Augen kann sie stützen, oder sie kann die Ohren spritzen.
Von Absolventen mag ich den erlernten Weg nicht,
Und wählen Sie eine *Ärztin* für die Gicht.

   So würde ich leben, ohne dass langweilige *Pedanten* verflucht würden ,
Sicher, von allen Dummköpfen sind *Gelehrte* die Schlimmsten.
Zurück zu euren *Universitäten* , ihr Narren,
Und Argumente an Schnüren in Schulen baumeln lassen:
Diese Schulen, die *Universitäten* Sie rufen,
„Es wäre gut für *England* , wenn es überhaupt keine gäbe."
Mit Leichtigkeit könnte die Nation diesen Verlust ertragen,
Geliefert von *Goodman's Fields* und *Drury-Lane* .
Oxford und *Cambridge* sind keinen Heller wert,
Im Vergleich zu *Haymarket* und *Convent-Garden* :
Hört damit auf, ihr britischen Jugendlichen, und folgt diesen,
Schalten Sie alle Spieler um und erhalten Sie Ihre „Squires"-Abschlüsse.
Prahlen Sie jetzt nicht wie bisher mit Ihren Einkünften,
Ihr bucht- erlernte Sitze! Die Theater haben mehr:

Ihr starrköpfigen Hochschulleiter seid stumm ,

Ein singender Eunuch erhält eine größere Summe.

Haben einige von euch dreihundert im Jahr,

Booth , *Rich* und *Cibber* , zweimal dreitausend klar .

Oxford sollte sich ihrer Schwester *Cambridge* anschließen

Ein Jahr *Rack-Miete* und *willkürliche Geldstrafe* :

Von dort würde nicht ein einziger Winterbeitrag beglichen werden ,

Für Schauspielhaus, Oper, Ball und Maskerade.

Ich freue mich, dass ich dem richtenden Alter gratuliere,

Die Spieler sind die Welt, die Welt die Bühne.

   Ich bin auch Politiker und hasse

Staatsminister aller Parteien:

Ich bin für einen *Act* , den er, der sieben ganze Jahre alt ist

Hat seinem *König* und *seinem Land* gedient und seine Ohren verloren.

   Daher bin ich von Geburt an qualifiziert, wie Sie sehen,

Den Menschen die Gesetze des *Geschmacks* vermitteln .

Meins sind die galanten Pläne der Höflichkeit,

Für Bücher und Gebäude, Politik und Kleidung.

Das ist *wahrer Geschmack* , und wem es nicht gefällt,

Ist Dummkopf, Steuermann, Welpe, Narr und Trottel.

---

[1] Bently's Milton, Buch 9. Ver. 439.

Milton Keynes UK
Ingram Content Group UK Ltd.
UKHW011820120624
444110UK00004B/216